KB130218

나 혼자 남아 먼 사랑을 하였네

김점용

시인의 말

꼬박 3년을 앓았다.

지금까지 기도하고 격려하고 응원해 주신 모든 분들께 감사드린다.

특히 삼척에서 서울까지 대관령을 서너 번 왕복해 주신 소설가 박문구 선생님께는 뭐라 드릴 말씀이 없다.

아내가 없었다면 이 시집은 나오지 못했다.

여보, 이 시집은 당신 거야. 고마워.

나도 이제 일어날 때가 되었다.

2020년 11월

김점용

나 혼자 남아 먼 사랑을 하였네

차례

2부 죄의 완전연소를 꿈꾸는

3부 어머니가 거대한 황혼을 뒤로하고
난데없이 숙제를 낸다

4부 나는 좀 더 북쪽으로 가야 할 것 같네

해설

1부

모든 별들이 살아 있는 죽음을

나르는 칠성판

꽃아, 가자

꽃아, 가자
네 온 곳으로
검은 부르카를 쓰고
아무도 몰래 왔듯
그렇게 가자

검은 우물 속이었을까
밤새 울던 풍경
먼 종소리 그 아래였나
푸른 별을 타고
색 묻지 않은 별빛을 타고 돌면서
삼천대계를 돌면서

꽃아, 가자
혼자 싸우듯

아무도 부르지 말고
아무도 몰래

네 온 자리
색 입지 않은 곳
볕 뜨지 않은 곳
가자, 꽃아

스위스행 비행기

아내가 울면서 말했다

여보, 잘 들어. 악성이고… 말기래. 아스트로싸이토
마astrocytoma* 머릿속에 퍼진 것도 2기쯤 된대. 김 교수
말로는 생존율 중앙치가 13.4개월인데 표준을 벗어나
는 케이스도 많대. 수술하자. 안 하면 6개월… 실은 그
것도 힘들대. 입장 바꿔 생각해 봐. 제발 수술하자 응?
내가 살릴게, 꼭 살릴 거야.

미안해. 안 할 거야. 약속 지켜. 스위스행 비행기 티
켓 끊어 줘. 내 통장에 돈 있어. 스위스 가고 싶어.

나는 지금 스위스로 가는 비행기 안에 있다
안전벨트도 없고 기내식도 없고 스튜어디스도 없
지만
존엄사가 인정되는 삶과 죽음의 중립국
스위스행 비행기 안에 있다
높고 아득한 공중을 날고 있다

아스트로싸이토마?

내 머릿속에 박힌 무수한 죽음의 별들이

날아가는 내 몸의 균형을 잡아 준다

그래, 지금까지 너무 한쪽으로만

비대칭으로 살기만 한 거야 영원히 살 것처럼

익룡의 깃털이 비대칭이어서 하늘을 날 수 있었다

지만

이렇게 갑자기 날지는 않았겠지

가끔은 적에게 쫓겨 죽은 척도 하고

잠시 잠깐 죽는 연습도 하며

이 무거운 별에서 이륙하기 위해 죽어라 달리다가

덜커덕 죽기도 했겠지

한 마리의 익룡이 하늘을 날기까지 겪었던 무수한

실패와

단 한 번의 성공을

나는 지금 날아가는 비행기 안에서 다 보고 있는데

모든 별들이 살아 있는 죽음을 나르는 칠성판

영원히 사는 인생이 어딨어

내 머릿속의 별들도 조용히 제 고향으로 돌아갈
수 있게
　혼자서 스스로의 장례를 치르며 두 팔을 활짝 벌
리네

* 별무리 모양의 성상세포종

눈물을 깎는 법

수평선을 잡고 걷는다
똑바로 걸으려 애쓴다
안 보이던 섬들이 문득 일어나 절뚝절뚝 줄을 잘라
먹는다
눈을 감으면 안 되는데
바람이 불 때마다 저절로 감긴다
왼눈은 감기지 않아 눈물이 난다
바다 저 멀리 끝에서 하얗게 메밀꽃이 핀다
수평선을 놓칠세라 꽃을 깎는다
눈물을 깎는다

대패는 장대패가 좋다 어미날에 덧날을 끼우고 손은
머리를 감싸듯 가볍게 잡되 오른손은 대패 뒤꽁무니와
구멍 중간을 단단히 잡는다 발에 무게중심을 두고 허리
를 숙인 자세로 무세숭심을 오른발로 옮기며 살짝 당긴
다 눈을 크게 뜨면 눈물이 떨어질 수 있으므로 망막에
꽃잎이 비칠 듯 말 듯 눈시울의 힘 조절에 각별히 주의
한다

물새 앉은 자리처럼
누군가 다녀간 자리는 엇결리기 쉽다
눈을 다친 숭어 새끼가 뛴다
날이 뛴다

눈동자의 먹선이 남아 있도록 깎는다 오른손잡이라면
왼쪽 끝에서부터 오른쪽 끝으로 순차적으로 이동하면서
깎아 나가야 눈알에 남게 되는 대패질 자국이 적다 수평
선과 평행하게 이동하는 것이 원칙이며 대팻밥은 바깥쪽
으로 흐르게 하는 것이 가장 중요하다 성한 눈 안쪽은 둥
근 대패로 마무리하되 재빠르게 처리한다

수평선을 들고 햇볕에 비춰 울음소리가 들리지 않으면
다시 걷기 시작한다

희망이 있다고도
없다고도

말해선 안 된다

사라진 왼쪽이 돌아올 때까지
눈물을 깎으며 눈 속을 걸어야 한다

가건물

태풍은 서해로 오는데
비 내리는 동해에 앉았다

아내와 싸우고 술을 마시면 조금 덜 미안하듯
고향에 가지 않으려고 태풍을 불러냈다
칠순 넘은 형은 혼자 제사를 지내고
나는 저 검푸른 물숲을 안고 소주를 마신다
무거운 비바람 속에서도 일어서는 낱낱의 물결이
잎이 되고 꽃이 되고 나비가 되는 이치를
내 모르지 않건만
술집 탁자 위에 쌓인 빈 소주병이
보이지 않는 먼 수평선에 걸려
넘어질 듯 넘어질 듯 휘파람을 분다

살아온 곳곳에 빗물이 샌다
서서히 젖어드는 나비 날개 한쪽
놓아버리고 싶다
일을 하고 통장에 돈이 들어올 때마다 느꼈던 심한

모욕감
　　내 노동의 가치가 헐해 보여서 그런 건 아니었다
　　영혼을 팔아 돈을 번다는 누군가의 말 때문에
　　그 저주스런 능멸 때문도 아니었다

　　고무 다라이 가득 빗물을 받아 칼을 씻고 도마를 헹
구듯
　　조금씩 낡고 허물어져 간다는 것
　　저렇게 미쳐 날뛰는 거대한 바다도 내일 아침이면
　　제 몸의 물결을 한 장씩 접고 접어 제 안으로 고요해
진다는 것
　　움푹 팬 저 나무 도마 한가운데 고인 물처럼
　　비리고 슬픈 일 아닌가

　　헐거워진 몸
　　내가 늘 학생들에게 해 왔던 말
　　"싸구려 영혼을 갖지 마세요"
　　거울을 깬다

거센 비바람에 등이 젖는다
안쪽을 내줘야 할 차례다
태풍도 버리고 온 길
값싼 영혼 어디로 갈까

모르는 사이에

나는 왼쪽 엉덩이가 없어요
그래서 걸을 때 몹시 절어요
절룩절룩 다리가 바람인형 팔처럼 멋대로 움직이죠
그가 언제 떠났는지 정확히 몰라요
긴 수술 후에 잠이 들었고
깨어나 보니 사라지고 없었어요
왼쪽 엉덩이를 무척 사랑한 애인이 가져갔는지 몰라요
애인도 엉덩이도 연락이 되지 않아요
언제쯤 돌아올까요
늦더라도 오긴 할지
어쩌면 영영 안 올 수도 있겠죠
의사 선생님은 끝까지 희망을 가지라지만
그게 좋은 건지 나쁜 건지
솔직히 잘 모르겠어요
벌써 삼 년이 나 돼 가는 걸요
모르는 사이에 꽃이 피고 아이들이 자라듯
오늘은 저도 모르는 새 비가 왔네요
비가 오고

또 무엇이 올지 몰라

바깥에 놓인 의자를 조금 기울였어요

의자 왼쪽에 고인 물이 가만히 흘러내렸어요

치료사의 왼쪽 귀

갈 때는 수평선을 잡고 걸으세요
몸이 왼쪽으로 자꾸 기울어질 겁니다 그러면요!
치료사가 갑자기 크게 말했다
빨래집게 잡기 훈련 해 보셨죠?
오른손 엄지와 검지에 최대한 힘을 주고 수평선을 당
겨요
그렇죠, 몸이 끌려가죠
가까운 섬이나 먼 송전탑에 두어 번 감고 당기면 훨
나아요
섬도 두 개
송전탑도 두 개
아, 안 됩니다
고개 돌리지 마세요
안 된다니까요
배들이 추락해도 실제론 아니에요
복시複視라니까요
여기선 좌우가 아니고 가로세로가 겹쳐 보인다고요
고개 돌리지 마세요!

24

돌아올 때요?

돌아갈 때요?

해안로 화단의 맥문동 잎을 뽑아 가로로 길게 물고
걸으면 돼요

하늘에다 임의의 기준선을 잡으세요

비행기가 안 보인다고요?

오른쪽 하늘이 다 뜯겨 나갔다고요?

아 참, 뭘 또 포개신 겁니까?

수평선도 송전탑도 하늘도 그대론데

내 고개가 돌아갈 때마다

치료사는 자꾸 안 들리는 왼쪽 귀로 거짓말을 한다

나의 발작은, 어느 날

나의 발작은
분식집에서 떡볶이를 먹다가 일어났지만

빨간 고추장 때문에
접시 왼쪽이 뿌옇게 보이지 않아
빨간 고추장 때문에
의자의 왼쪽 다리가 뭉텅 잘린 듯 앉은 채 넘어졌
지만

팔과 다리는 하늘에서 덜덜덜 떨리며
포크로 빨간 고추장이 묻은 형광등을 찍지 못하고
대신
아득한 공중에 사지가 쳐들려 덜덜덜 떨리며
넘어진 날 일으켜 세우려는 네 눈을 찔렀지만

나의 발작은,
어느 날
번쩍번쩍 경광등이 반짝이고

삐뽀삐뽀 사이렌도 울리는데
금방 온다던 앰뷸런스는 오지 않고
왼쪽 모두 불에 타버렸는데
출동했다는 119 소방대원도 오지 않고
너는 왜 은빛 수갑을 찬 채 창살 밖에서
외눈으로 조용히 울고 있는지

텅 빈 왼팔에 주렁주렁 매달린 링거를 꽂은 채
정신없이 잠을 자다가
죽은 듯이 자다가
벌떡 일어나 나의 발작은,

뻐꾹뻐꾹
선생님! 선생님!
시끄럽게 울어대는 뻐꾸기부터 죽이고
링거 줄을 뽑아 그 줄로 네 목을 칭칭 감고
조금만 참아
조금만 참아

침대에서 뛰어내리려는 찰나
너의 왼쪽은 어느새 온데간데없이 사라지고

금방까지도 분명 있었는데
뻐꾹! 뻐꾹!
오른팔 오른다리는 침대에 묶여 멀쩡한데

우나기

재판을 받았다

넌 사람 잘못 건드렸어 사람을 좀 보고 덤벼야지 그
딴 식으로 돈 가지고 장난 치고 내 돈 떼먹고 네가 무사
할 수 있다고 생각하나 엄마 집부터 동생 집까지 싹 다
뒤집어 주마

법원 앞마당 벤치에 앉아
버려진 메모지를 읽는다

아뇨 그건 그 사람이 생일선물로 아우디A8 사 준다고
인감 등본 초본 다 달라고 해서 줬을 뿐이에요

발밑에 검은 뱀장어 한 마리 꿈틀거린다

애들도 알아야지 지 엄마가 얼마나 지저분한 여잔지
모든 걸 돈으로 재고 남한테 사기도 치고 몸도 막 주고
다니는지 안 그래 내 돈 1,400만 원 다 줄 때까지 너희 집

에서 개겨 주마

　　방청석에서 그는 화를 냈다
　　당신이 시인이냐고
　　판사가 주의를 주었지만 그는 들은 체도 않고
　　시인이 어떻게 소송을 내냐고 따졌다
　　닿을 수 없는 곳에 바다가 있었다

　　처음부터 간병비 목적으로 돈 부친 거라고 말해야
함 카드 값 먼저 빼고 준 거라고 돈 500이 건너간 이후에
협박이 이루어짐 무슨 서류 제출해야 하는지 변호사한
테 알아볼 것

　　난 아무 말도 하지 못했다
　　나보다 더 크고 높은 것이 있어서
　　판사의 자리는 높고
　　법원 앞마당은 자꾸 꿈틀거렸다
　　뱀장어가 발목을 감는다

드릴로 머리를 뚫어 줘야 하는데
바다가 멀듯 철물점도 멀다

햇볕의 구멍

전철 지붕과 공동묘지 지붕이 나란한 곳에 왔습니다
토요일 오후였으나 갈 곳이 없던 저는
공동묘지로 올라가 무덤 옆에 누웠습니다
얼마나 잤을까요?
문득 내 옆자리에 누운 풀을 보니
나 말고 다른 사람이 누웠다 갔다는 것을 알았습니다
그도 외롭고 무덤도 외롭고
무덤에 내린 햇볕도 외롭고
문인석도 상석도 외로워 얼어 있었습니다
햇볕과 무덤이 서로를 껴안고 잠들었겠지요
햇볕이 구멍을 열고 무덤을 꺼내 안았습니다
아무래도 오늘은 갈 곳이 없습니다
저 멀리 날아가는 검은 비닐봉지 안에 내 살림이 담겼
습니다

달마도를 걸다

못 박는 일은 쉽지 않다
단단한 시멘트 벽
겨우 자리를 잡았다 싶어 조금만 힘을 주면
튕겨나가고
튕겨나간다

사람들도 그렇지
내 사람인가 싶을 때
속잎에 비치던 눈물
녹이 슬고
등을 보이고

더 이상 기다리는 일 없을 때
넓게 팬 못 자국
닿을 수 없는 그림으로라도 덮어 보자고
의자 위에 발끝을 들고
조금 더 위에
조금 더 위에

천장을 뚫고 윗집 7층의 벽에 22층의 벽에

아파트 옥상에 뜬 둥근 달의 거실에

달에도 못 걸고 그 위에 더 높고 먼 별의 창문에

별이 아니라 보일 듯 말 듯 가느다란 별빛에 못질을

하며

우리부리한 눈빛의 달마도를 걸고

먼 별빛

자꾸 헛것 가리키는

퍼렇게 멍든 손가락에 못질을 하며

날마다

날마다

입 꾹 다문 달마도를 걸고

고구마

배가 고파 고구마를 삶는다
냄비에서 김이 피어오르고 고구마가 익는다
다 익었나 싶어 젓가락으로 고구마를 찔러 본다
들어간다
고구마는 울지 않는다
나도 가만히 있는다
고구마를 맛있게 먹으려면 고구마 속 울음이 다 익을
때까지 기다려야 하는 것이다

돌아오는 비행기 안에서 흰 뱀 두 마리가 머리를 꼿
꼿이 쳐들고 내 발을 물었다
어떤 고통은 가장 깊은 곳에서 오히려 고요하다
제 울음을 품은 채 고구마가 익어 간다
찔러둔 내 젓가락을 끝까지 다 받아 주면서

비행기야

날아오는 비행기를 잡았어
넌 인천공항 호텔 안내를 원했어
손안에서 팔딱이는 금속의 심장
뜨거운 엔진 속에서
그리운 얼굴이 뭉개지고 있었어

날아오는 비행기를 꼭 잡고
팔을 크게 휘저어 빙빙 돌렸지
관제탑의 착륙 신호를 기다리며 선회하는 비행기
처럼

처음엔 조그맣게 멸치였다가
전갱이였다가 힘 좋은 참숭어였다가
등이 미끈하고 거대한 범고래가 되었지
넌 즐거워 펑펑 울었지 머리를 쥐어뜯으며
강물을 거스르는 은어 떼처럼
방금 이륙한 활주로에 힘차게 쓰러져 퍼덕거릴 때
말라 가는 입천장 같은 하늘로

식은 구름 한 조각조차 없는 텅 빈 하늘로

놔줘야 했어
얼굴도 모르는 사람과
사소하게 사소하게
말다툼하며 체위를 바꾸는 일
그건 정말 사소한 일

어긋나서 다행이야
도착이 도착이 되고
출발이 출발이 되었다면
우린 영원히 서로를 모르게 되었을 테지

비행기야
날아가는 비행기야
아득하게 사라지는 눈부신 천사야
나는 성큼성큼 걸어서
네가 도착할 곳에 미리 당도해 있단다 비행기야

사랑하는 나의 비행기야

고양이 삼각관계

소파를 찢는 일은 고양이의 본업
토 달지 말자

새벽은 자정을 찢고
내일은 오늘을 찢고
죽음은 삶을 찢는다

고양이 울음을 타고 그녀가 온다
하나는 애애– 애애– 울고
하나는 숨 넘어갈 듯 아악–아악–울며
나머지는 그냥 찢어진다 찢긴다
여지가 없다

이인삼각 편대로 네가 날 찢었을 때
나는 풀썩풀썩 스펀지가 되고 헝겊이 되고 구름이 되
었다
어제가 되고 바닥이 되고 밑변이 되었다
아무것도 남지 않아서 좋았다

고양이가 소파를 찢듯

할 말이 없었던 건 아니었는데

모든 것이 저 고양이 울음에 갇혀

다시 물방울이 되고 얼룩이 되고 안 보이는 유리창이
되고 빗금이 되고

싱싱한 과도처럼 예리하게

삼각형이 된다

오래 닳아서 뭉툭하게

말없는 맹목이 된다

식은 죽을 먹다

왼손을 들어 오른손을 본다
오른손이 없다
오른손을 들어 왼손을 본다
왼손이 없다

어디선가
벌벌벌
물의 몸통이 운다
너무 많은 생각들이 불어서 운다

기억난다
바람에
흰민들레가 아슬아슬 떨리던 자리
검은 돌멩이 하나 앉았다고 했지

모두들
어디로 가버린 것일까
식은 죽을 껴안고

무엇을 더 견뎌야 할까

펄펄 끓던
물의 울음
물의 그림자가
제 온 바닥
제 불길 속으로 되돌아간다

엘리베이터 앞에서

이 엘리베이터 문은 한쪽만 열려야 한다
그도 몸이 불편한 사람
나와 같이 크고 둥근 휠체어를 타고 올 것이다

저 문이 열리면
검은 바퀴를 밀면서 내게로 올 것이다
그림자처럼 스르륵 와서 그대로 나의 절반이 되어 줄
것이다
문이 닫히기 전 순식간에
내 절반의 나쁜 몸을 가져가고
바로 된 그의 몸을 붙여 놓을 것이다

그는 지금 막 수술실에서 나와 올라오고 있을 것이다
어쩌면 사진을 찍으러 내려오는지도 모른다
상관없다
나는 아무것도 모른다 몰라야 한다

어쨌든 그는 올 것이다

딩동! 소리가 울리면
주렁주렁 링거를 달고 하늘색 담요에 덮여
아무것도 모른 채
조용히 미끄러지듯 내게로 올 것이다

거울처럼 환하게
나를 비추는 저 은빛 엘리베이터
그러니까 양쪽으로 갈라지는 저 문은
반드시 한쪽만 열려야 한다

마천루

폭포는 폭포다
폭포를 샀다
시장에 가니 50미터 100미터 123층짜리도 있었지만
내 키 정도의 조그만 3층짜리 폭포를 샀다
목숨을 주고 샀다
누가 조금만 잘라 달라고 부탁했으나 그럴 수 없었다
내가 살았던 폭포는 벌써 가고 없다
나는 없다
이미 흘러가 버렸다
폭포는 폭포다
이른 아침 은행 앞에서
높은 폭포를 이고 가는 사람을 본 적이 있다
서울역 화장실 문을 밀고 나오는데
쏟아지는 폭포 속으로 울면서 사라지는 그 사람을
멍하니 바라본 적도 있다
평생을 흘러도
폭포는 폭포여서
폭포는 죽는다

찰나마다 죽고
찰나마다 살아난다
사람들은 모두 폭포 속으로 사라진다
사라진 사람들의 노래를 뚫고 별들의 이야기를 뚫고
수요일을 뚫고 영원의 은유를 뚫고
폭포는 폭포다
그렇다 목숨을 주고
폭포를 샀다
나는 없다
우린 모두
이미 흘러가 버린 과거의 몸
폭포는 폭포다
폭포는 폭포다

2부
죄의 완전연소를 꿈꾸는

흰 목련에 먹줄을 놓고
— 목수 일기 1

작업장 옆에 산수유가 피었다
매화가 피었다
목련이 피었다
들고 있던 먹통을 던져 버리고 싶었다

꽃들은 왜 피나
점심때 막걸리 한 사발로 속을 달래고
다시 먹통을 잡았다
흰 목련 아랫도리에 먹침을 꽂고
천지간에 먹줄을 놓았다
하늘과 땅을 타고 오고 가는 봄과 겨울

먹줄을 놓았으니
한쪽은 살리고
한쪽은 죽여야 하는데
겨울과 봄
하늘과 땅이 한 줄에 꿰였구나

살아생전
꽃으로 집을 지을 줄
누가 알았나

흰 목련을 깎고 다듬어
봄날의 집 한 채를 새로 짓느니
외로운 사람아, 너는 와서 살아라
아지랑이 피어나 울타리를 친다

얼룩

가난도 시인의 직업이라서 난 가난해도 되는데, 같이
가난해질 수는 없다는 아내의 말이 늘 걸렸지만 이번에
도 어쩔 수 없이 연립주택 반지하방을 얻었다 첫날부터
문제였다 천장에 물이 샌다고요 물이 정말이라니까요
네 네 아 여행 간다고 며칠 비우긴 했죠 도대체 어떤 여
자가 와서 울고 갑니까 바다가 아니고요 바닥 바닥도 몰
라요? 그렇죠 지금 천장이 시꺼멓게 썩어 들어오고 있
다고요 아 정말 미치겠네 눈물이 아니라니까요 안 뜯어
봐도 뻔해요 위층에 미친 여자가 살면 그렇다고 진작에
말씀을 하셨어야죠 계약할 땐 가만히 계시다가 아 제발
제 말을 좀 끝까지 듣고 아니 제가 언제 그랬어요 계약
대로 밥은 안 해 먹고 잠만 잤어요 물이 새는데 경찰을
왜 불러요 진짜 어이 상실이네 물이 새는 게 분명해요
겉으론 멀쩡해도 밤중엔 소리까지 똑똑히 그러니까 그
게 사람 죽은 것과 무슨 상관이 있다고 저야 손 하나 까
딱 안 했죠 그럼요 당연히 물을 잠그고 갔었고 아 글쎄
그 여자가 누군지 몰라요 모른다구요 정말 아무튼 전
아 정말 제 말 좀 끝까지 들어 보세요 제가 누군지 모른

51

다고요 아니 이거 주인 아저씨 핸드폰 아닌가요? 맞죠 맞잖아요 아무튼 전 나갈 겁니다 나가야겠어요 이러다가 저도 미쳐버리겠어요 돌아버리겠다고요 천장에 점이라도 비치는 날엔 제발 나가게 해 주세요 네? 나가라구요?

저 섬에 가려면

혜통은 눈을 감고 말이 없다
제 몸의 살을 죄 발라내는 중이다
바람과 파도가 누생을 바쳐 깎아낸 섬
저 섬에 가야 한다
가서 그대로 섬이 되어야 한다
합장한 채 바람과 파도의 벌을 받아야 한다
내가 잡아먹고 버렸던 수달의 뼈가
피 뚝뚝 흘리며 제 살던 굴로 가서
다섯 새끼를 안고 있었다니*
제사 때 입던 어머니 광목치마 한 필 뜯어
놋수저 한 벌
고무신 한 짝
삭발한 머리털 세 올
조심조심 보따리를 싸야 한다
피 냄새 풍기는 보따리를 메고
앙상한 뼈로 헤엄쳐 가야 한다
물새처럼 뼛속에 바람을 넣어
한밤의 물결을 타야 한다

그림자뿐인 저 무주공산 정수리에
살육의 손바닥으로 우물 하나 파야 한다
그 우물에 뜬 달을 타고
하늘 섬으로 올라야 한다

*『삼국유사』의 혜통에 대한 설화

외로운 식사

혼자서 주로 밥을 먹는 그는
외로움을 떠벌리는 자를 좋아하지 않는다
그건 두고두고 먹는 일용할 양식 같은 것이라 생각
한다

뜨거운 김을 내뿜으며 절규하던 밥솥도
그의 집에선 입을 꾹 다문다
입을 다문 채 벽 속으로 들어가 시각시각 다정한 벽
이 된다
김치냉장고도 말을 극도로 아낄 줄 안다

오래된 수박 속에서
그는 웅크린 채 잠을 잔다

다음 날
검은 수박 씨 같은 말들이 싱크대 위에 흩어진다

외로움의 둘레가 넓어질수록

별은 차갑게 뜬다

베란다에 가지런히 놓인 수저
태양의 누생이 다녀간 흔적들 역력해도
그는 이미 그렇게 되어 있었다고 생각한다
우연이란 없는 것이라 생각한다

우연이 아니고는 벗어날 수 없는 갑옷 같은
사방의 벽들이 혓바닥을 내밀어 감옥을 핥는다

그가 식사를 하는 시간이다

양희은이 트랙터를 몰고

추수 끝난 벌판이다
천천히 양치질을 하고 빨래를 너는데 타타타타
요란한 트랙터 소리 들린다

이쪽 논 귀퉁이 트랙터가 방향을 바꾸느라
타타타타가 다다다다로 잦아들자
돌아서는 너에게 사랑한단 그 한 마디~
난데없이 양희은의 노랫소리 들린다

이곳에서는 모든 소리들이 외롭다
뒤란의 흙도 외로워서 무너지는 소리를 낸다
팬티와 양말을 대충 걸쳐 놓고 밖으로 나가
논 끝으로 간 트랙터가 다시 돌아오기를 기다린다

타타타타 타타타타
빈 들판도 들판 너머 뒷산도 노랗게 물들어 가는 신
나무도 단풍나무도 깜돌이도
트랙터 소리에 온몸을 떨며 메아리로 화답한다

타타타타
웅웅웅웅

온 동네를 울리며 논을 가는 트랙터
다시 이쪽 논배미 모퉁이에 이르자
이번엔 한계령이다
이 산 저 산 구름 몰고 다니는 떠도는 바람처럼
트랙터 속에서 양희은은 줄곧 노래하고 있었던 거다

양희은이 트랙터를 몰고 논을 간다
아침 이슬을 간다 이루어질 수 없는 사랑을 간다
농부의 가슴팍을 간다
외로운 천지간을 간다
우묵하게 간다 쟁기날을 내려
깊이, 더 깊이 간다

팽나무의 궤도

아침을 먹고 동네를 한 바퀴 돌아왔을 때
팽나무는 거기 있었다
아버지와 싸우고
멀리 지구를 한 바퀴 돌아왔을 때도
팽나무는 그 자리에 있었다
어떤 집은 망하고 어떤 집은 흥했다
당집 할머니가 죽은 개 한 마리를 색동 줄로 칭칭 감
아 둥치에 매면서
그날 밤 팽나무의 궤도를 정해 주었고
팽나무는 꼼짝도 하지 않았다
비를 맞고 눈을 맞고 바위처럼 산처럼 서 있었다
달도 별도 팽나무 위에서 뜨고 졌다
태양은 오늘 출발했으나
팽나무는 어제 도착해 있었다
집도 들판도 구름도 결혼도 장례도
모든 것이 팽나무를 중심으로 돌고 돌았다
돌고 돌아서 팽나무 안으로 들어갔다
차례차례로 들어갔다

꽃이 되고 열매가 되고 팽이가 되었다

바람에 마른 잎이 빙그르르 날린다
작은 회전이 큰 회전을 숨긴다

모자의 운명

그는 한쪽으로만 걷는다고 했지
모자를 삐뚜름하게 쓰고
한쪽 소리만 듣겠다는 듯
귀가 한쪽만 뚫린 모자를 쓰고
늘 한쪽으로만 걸어 다닌다고 말이지
그건 편향이 아니야 누구나 다
길 양쪽을 동시에 걸을 순 없으니까
외출할 때 어머니는 꼭
단추를 한 개씩 엇나가게 채웠어
볼 때마다 다시 입혀 드려야 했는데
그게 꼭 잘한 짓인지는 모르겠어
모든 비대칭이 진화를 이끄는 힘이라지만
그렇다고 여당만 찍는 어머니를 진보적이라고 할 순
없잖아
네이버 라이브러리에서 사서 몰래 김밥을 먹으며
인체 해부학 책을 오랫동안 들여다본 적이 있거든
귓속에는 모자가 있어
달팽이관이 아니야

모자는 원래 귀가 한 개뿐이었던 거야

말하자면 그는 머리 위에 귀를 얹고 다니는 거지

길 양쪽을 동시에 걸을 수 없듯이

두 개의 모자를 동시에 쓸 수는 없으니까

위성 안테나처럼 모자는 늘 한쪽으로 삐뚜름한 거지

문제는 말이야 삐뚜름한 그 모자 때문에

그의 걸음걸이도 리드미컬하게 한쪽으로 기울어지는
것 아니겠어

사람들은 그의 걸음걸이 때문에 모자가 삐뚜름해진
거라고

제법 과학적이고 낭만적으로 말하지만

사실은 그게 아니야 내가 본 낡고 두꺼운 해부학 책은
그렇게 설명하지 않았어

모자는 먼 곳에서 오는 소리를 듣고

인체 내부기관을 조금씩 바꾼다는 거야

십이지장도 대퇴사두근도 엄지발가락 위치도 심지어
꿈 내용도

아주 미묘하게 조금씩 바꾼대

과천 경마장 가 봤어?

아 상관없어, 경주마 등에 앉아 박차를 가하는 기수
는 봤을 테니

말하자면 모자는 그런 거라는 거지

그를 데리고 어디론가 한쪽으로 자꾸자꾸 가는 거

삐뚤름한 모자를 씌우고 그의 기관을 조금씩 바꾸
면서

그가 정한 것처럼 보이는 목표점을 향해

자기도 모르게 자꾸자꾸 나아간다는 거지

삐뚤름한 모자 속으로

벚꽃 테니스

라켓을 휘두를 때마다 꽃잎들이 날아갔다
기침을 하면서 날아갔다

이 나무에서 저 나무로
저 나무에서 이 나무로
작고 흰 새들이 후르르
날아서 옮겨 앉았다

라켓을 던지듯이 팔을 쭉 뻗으세요
그렇죠
그렇죠
벚나무를 향해 날아간 공은
되돌아오지 않았다

노란 공을 품을 때마다 벚나무는 자꾸
희고 작은 예언자들을 토해냈다
코트에서
코트로

꽃잎이 넘쳐 난분분
난분분하였다

모국어를 잃은 채 그녀가 돌아왔으나
만나지 못했다
공이 날아간 하늘에
비행기가 지나가고 있었다

꽃잎들의 사뿐 착륙
그리고
긴 팔로 스윙

공항에서
공항으로
빈 공들이 묶음으로 날아다녔다

먼 곳에서
먼 곳으로

해가 가고 있었다
달이 오고 있었다

라디오 좀 틀어 주세요

사방에서 뉴스가 쏟아지는 저녁 아홉 시
걸레처럼 취해 집으로 간다
기사님, 라디오 좀 틀어 주세요
버스 손잡이를 늘여 잡고 뉴스를 좀 들으려 해도
플라타너스는 비바람에 아우성이고
컴컴한 우이산은 자꾸 높아지며 눈을 감는다
아무도 믿지 말라는 말
그렇게 말하는 나조차도 믿지 말라는 말
지금 아홉 신데요, 라디오 좀 틀어 주세요
날 생각해서 해 준 충고겠지만
결국 자기도 버려졌다는 뜻이겠지만
이렇게 말하는 그가 더 안쓰럽고 가련해
아무 말도 못 하고 그냥,
라디오 좀 틀어 주세요
애초에 믿음 따위가 내게 있었다면
이렇게 낮술 따윈 안 마셨겠지
서울을 벗어나 속도를 내는 엔진 깊숙이
두 손을 찔러 넣고 죄의 완전연소를 꿈꾸는 저녁

귀를 세우고 창문을 열어도

거세게 얼굴을 때리는 우이산 비바람뿐

세상의 모든 라디오는 나의 뉴스를 들려주지 않는다

뉴스에 나오지 않는 저녁 아홉 시

그래야 안심할 수 있는 저녁 아홉 시다

거대한 입

내게 밥을 줘야 할 백반집 아주머니가
식탁에 엎드려 자고 있다
빈 소주병이 두 개
숟가락 담긴 국밥 투가리
귀잠에 든 듯
아주머니 아주머니 낮게 불러도
대답이 없다
그 어떤 피로와 슬픔의 파도가
저를 여기까지 밀고 온 것인지
혼곤한 잠으로 거대한 입 하날 버티고 있다 틀어막고
있다
다 놔버리고 싶어도 놓아지지 않는 것
여인이 환하게 웃는 달력 아래
영산홍 한 그루
붉은 밥 한 상 조용히 차려 놓고
너도 배가 고프냐
말없이 묻고 있다

귀신집
— 목수 일기 5

한옥 목수는 집을 둘로 나눈다
사람이 사는 집
귀신이 사는 집
살림집을 지으면서도
이상하게 나는 귀신집에 끌린다
절집 사당 박물관 기념관…

무언가 넘치는 것이 있다

귀신이 사는 집은
귀신들 먹고 놀라고
죽은 나무에 색동옷을 입혀 꽃을 피워 둔다
꽃 피우는 일은 목수가 아니라 금어金魚가 한다
집이란 무엇이든 살아야 한다

살림집에 귀신이 들면 망한다는데
내 몸에 귀신이 들었는지
누군가 내게 옷을 입혀

꽃 피는 산에도 가고 들에도 간다
멀쩡한 대낮에 술집에도 간다

무언가 넘치는 것이 있다

3부

어머니가 거대한 황혼을 뒤로하고
난데없이 숙제를 낸다

검은 고양이를 받아 줘

검은 고양이를 받아 줘
언제였더라, 문밖에 고양이가 울던 밤
처음엔 꿈속의 누렁소가 온 줄 알았지
안과 밖이 어두워 아무것도 보이지 않았지만
그건 고양이가 분명했어
설핏 노란 별을 본 듯도 했으니까
내가 잠깐 문을 연 사이 우리 집으로 들어온 것인지
창문 어둠을 타고 스르르 스며든 것인지
검은 고양이와 나는 그 후로 줄곧 함께 살았어
보이지 않고 본 적이 없으니 검은 고양이가 분명해
그렇지 삶이란 때론 이해할 수 없는 거
모르는 채 넘어가야 하는 거
어쩌면 떼 지어 왔는지도 몰라
갈빗살을 타고
내 안에 새끼를 낳고 또 낳아
역진화를 했는지 모르고
오랫동안 찰흙같이 끈끈한 밤이 계속되었거든
검은 고양이를 받아 줘

사방이 캄캄한데 서쪽에서 동이 트려고 해

서두르지 않으면 눈빛이 상할지 몰라

발목이 잘릴 수도 있어

아무것도 보이지 않아 아무것도 다치지 않는 밤

검은 고양이가 완성한 이 온전한 어둠을

이 밤에 도둑고양이처럼 녹아든 검은 고양이 한 마
리를

통째로 받아 줘 즐겁게 받아 줘

어서

다시 1월의 세계

그녀는 베꼈다
오로지 베끼기만 했다
노란 연필을 쥐고 커다란 대학노트에
금강경을 베끼고 능엄경을 베끼고 법화경을 베꼈다

손으로 써야 글자에 기가 모이는 기라
그기 습이 되고
삼천대천이 몸속으로 흘러오는 기라

아들이 완구 사업에 실패해 아파트를 날렸을 때도
결혼한 딸이 손녀를 데리고 집으로 들어왔을 때도
연필 쥔 손에 힘을 좀 주었을 뿐
그녀의 필사는 필사적이었다
구포시장에서 메주콩을 팔면서 쓰고
대나무 평상에서 우무를 먹으면서 쓰고
병실에 누워서 미장원에서 비닐 캡을 쓰고 썼다

그녀를 보고 있으면 쓰고 쓰고 쓰다가

그대로 연필을 쥔 채 12월의 끝에
깊은 겨울에 가닿을 것 같았다
보이지 않는 거대한 바라밀이
그녀를 그곳으로 데려가는 것 같았다

니는 책 안 봐도 된다 술 마시지 말고 도나 닦아라
뜬금없는 말을 점풍처럼 불쑥 던지고 그녀는
시장에서 돌아오다 교통사고를 당해 즉사했다

장례식이 끝나고
다시 1월이 시작될 것 같았다
어디선가
옛날 옛날에 흘러갔던 먼 시절이 돌아와
그녀를 글자 모르는 어린아이로 만들 것 같았다

먼지 낀 화장대 아래 수납장엔
  그녀의 삼천대천이 까마득하게 펼쳐진 채 은하처럼
빙빙 돌고 있었다

그녀가 썼던 모든 글자들이

그녀가 살아 있던 12월의 끝으로 새까맣게 건너뛰고
있었다

텅 빈 공책空冊을 안고

나는 술을 마시기 시작했다

뿔

저수지에 물이 꽉 찼다
수면 한가운데서
뿔이 돋는다
배수로를 살펴야 한다

상류에 버려진 의자는
네 발 담근 채
햇살 바람살 맞으며 명상에 들었다
주인은 투명하게 몸을 비웠으되
바퀴마다 녹이 슬었다

커피 배달 여자가 운전사의 손을 잡고
무릎 각도를 최대한 꺾어 발판에 올라서려
안간힘이다
아슬아슬하다

배수로 옆 경사로에 세워진 화물트럭
트럭 뒷바퀴

저수지 한가운데
크고 단단한
가시연꽃이 올라오고 있다

까다로운 방문객

묘지의 저녁이다
서둘러 청소를 할 시간
단청 꽃이 다 진 크고 낡은 집을
깨끗이 쓸고 또 닦아야 한다

어두워지면
발 없는 사람들이 모이는 집

오늘은 특별히 세 자매가 온다네
큰언니는 팔자를 그리며 나란한 무덤 두 개를 함께
돌자 그리고
둘째는 건넌방으로 사주를 보러 가자 자꾸 조르겠지
막내는 철없는 표정으로 이렇게 말할 거야
저… 저기요, 우리 신발이 없어졌어요
찾아 주세요

무엇이 잘못됐는지
밤늦도록 불은 켜지지 않고

혼자 빈 구석방을 오래오래 문지르면
사라진 꽃신들이 고요히 돋아나지

살아 있는 듯
살아 있는 듯

불편한 잠

드르렁드르렁
어떤 남자의 코 고는 소리 들린다
윗집인가,
아니, 아랫집인가
드르렁드르렁
가만,
오른쪽 옆집인가
혹은 왼쪽인가
늙은 남자의 코 고는 소리 들린다
매일같이 들린다
아버지는 벌써 돌아가셨는데
아버지를 피해
고향 떠나 서른 군데도 넘게 이사를 다녔는데
아버지는 태연히 코를 골며 주무시네
아버지는 가난하여 손수 시체를 끌고 산으로 가셨다
했지
아버지의 시체를 끌고 선산으로 가는 말들을 난 그
냥 지켜보았어

그 늙은 말들, 장례 행렬에 줄줄이 서 있던 의심스러
운 마귀할멈들은 어디로 갔나
　　아차, 뒤늦게 늦었다며 맹렬히 달려가도
　　선산은 언제나 비어 있고
　　아버지는 내 곁에서 코를 골며 주무시네
　　그때 그 의심스러운 마귀할멈들,
　　아버지와 붙어먹고 어머니와 대판 싸우던
　　째보할멈한테서 시신을 빼앗았어야 했는데
　　빼앗은 아버지의 살을 우그적우그적 씹어 먹고
　　내가 아버지가 되었어야 했는데
　　장례를 제대로 치르지 못한 대가가 너무 크구나
　　아버지가 되었어야 했는데
　　장가를 가서도 아버지가 되지 못하니
　　밤새도록 아버지의 코 고는 소리만 듣고 있어야 하는
구나

울음통 물음통

대학 때 후배들이 시를 써 오면
스스로 찢어서 버리라고
한 평론가의 신랄함을 빌려
그것도 백 미터 떨어진 쓰레기통에 버리라고

가끔 시인들이 시를 발표하고 어떠냐 물으면
지금은 절대 그렇게 말하지 않지
철이 들어서가 아니고
겁이 나서

길 없는 길
절간 사람들이 흰 법거량을 주고받으며
내 공부가 어디쯤 왔나 시험을 하듯
아무도 들여다보지 않는 출렁이는 그늘
제 안의 울음통을 간신히
몸 밖으로 조금 꺼내 놓은 줄 아는 까닭에

길 아닌 길

조그만 통 하나 가리키며
이것이 길이냐고 묻는 까닭에
그 힘으로 통이 통을 굴려 간다는 걸
이제는 나도 좀 아는 까닭에

황혼

어머니는 자꾸 숨겼다
처음에는 옷장 속에 쌀통 안에 보일러실에 돈을 숨기
더니
새로 산 신발을 숨기고 시금치 씨를 숨기고
호미를 숨기고 얻어 온 옆집 똥거름을 숨기고 호미도
숨기고
커다란 빨래 건조대까지 숨겼다
선산에 묻힌 아버지를 숨기고
부산의 정신병원에 입원한 막내 이모를 일본 대마도
에 숨겼다가
우리에게 들키자 다시 내 여동생 속에 꼭꼭 숨겼다
하루는 멀쩡한 우리 집을 숨겼다가 경찰차를 타고 들
어오더니
자신의 머리카락과 옷을 가위 속에 가스레인지 속에
숨겼다
오늘은 저 바다에 무엇을 숨겼을까
선창가에서 올라오는 어머니 뒤로
서쪽 바다가 시뻘건 노을에 뒤덮여 있는데

어머니가 거대한 황혼을 뒤로하고 난데없이 숙제를
낸다
　　내 좀 찾아봐라 온 동네를 다 뒤져도 안 보인다

인공위성이 지나가는 시간

반짝,
반짝,
멀리
인공위성이 지나가는 시간

달빛은 푸른 사과밭을 흔들며 온다

과수원 옆
대나무에 희고 붉은 깃발이 내걸린 집

새끼무당이 사과 한 알의 갑자甲子를 불러낸 뒤
조심하세요 할머니
과수원에 뱀이 많아요

비암이 머 무섭노
콤퓨타 로보트가 더 무섭지
사람한테 이깃다 안 카나

할머니는 검은 비닐봉다리 가득
얌전하게 부처님을 담아 일어서다 말고
참, 바람난 저 가시나는 우야모 좋겠노

반짝,
반짝,
멀리
인공위성이 지나가는 동안

대나무 깃발 아래
새끼무당이 소리친다

등줄기에 핏줄은 웬 거냐
오호라,
산기도를 하랬더니 채찍 맛을 즐긴 게로구나

반짝,
반짝,

멀리
인공위성이 지나가는 시간

하늘의 거인 로봇은
흰 바둑돌 같은 달을 비스듬히 핥아먹고

새끼무당이 깔고 앉은 북두칠성은
조금
앵돌아진다

강아지풀이 흔들리면

한밤중에 고양이 한 마리를 놓아주었다
멀리 가서 잘 살라고 놓아주었다
고양이는 강아지풀 사이로 뛰어갔다
돌아오면서 돌아보았다
강아지풀이 흔들렸다
자세히 보니 고양이 꼬리였다
자세히 다시 보니 강아지풀이었다
길가에 쌓아 놓은 비료 포대를 자세히 보니
주차된 트럭 뒤꽁무니였다
다시 자세히 보니 친환경 비료 포대가 맞았다
고양이를 버리고 돌아오는 길에
머리카락을 길게 풀어헤친 키 큰 귀신을 만났다
깜짝 놀라 다시 보니
무덤에서 뻗어 내린 칡넝쿨이었다
치매 걸린 어머니를 요양원에 맡기고 오는 길이었다
나를 맡기고 오는 길이었다

요양원 입구

한겨울 햇볕이 보리싹처럼 파릇파릇했다
어디에도 적응 못 한 어머니가 앞섰다

누군가 내 등을 밀었다
아내였다
아래턱이 딱딱거리고 입술이 퍼레졌다
무릎 뒤가 따끔거렸다
오 년 전 내가 칼을 들고 뒤따르던 길이었다

어디선가 커피 냄새가 났다
열렸던 문이 굳게 닫히자
외부 시선에서 은폐되어 있던 추도실 문이
잠깐 나타났다 사라졌다

4부

나는 좀 더 북쪽으로 가야 할 것 같네

비, 구름의 장화

밖에 좀 보거라
어젯밤에 너가부지가 마른 솔캥이를 한 짐 지고 안
왔드나
엊그제 커다란 솥단지에 쌀을 한가득 보냈으니 그 나
무로 뜨신 밥을 해 드시라는
시끄럽다 이대로 날 태울라는 기지
비가 좀 와야 할 낀데
소낙비라도 한 줄금 오면 을매나 좋겠노
너가부지 가고 내 새암에다 모래를 꽉꽉 채왔더니
용암덩어리가 안 됐나
나이 묵고 새암이 막 다 캐도
아홉 남매 뽑아낸 내력인데
칠 남매 아니고요
둘은 도로 안 처박았나 안직도 귀가 잉잉하구만
아들만 고집한 죄죠
밖에 좀 보거라
바람뿐이에요
웬 할망굴 하나 데리고 왔더만

깜장 보재기를 들고 졸졸 따라오는 걸 내 이래 본께

너가부지 나뭇짐 뒤로 숨데

새살림을 차렸나 보네요

날 싸갈라고 그라는가

아버지는 안 오실 거에요 거기서 여기는 양의 창자처럼 길이 꼬불꼬불해요

시끄럽다 저 앞산 꼭대기에 백두 천지나 태백 황지 물 좀 올려라 신령님네 정한수가 다 말랐을 성싶다

저그 저 앞산 우에 뜬 구름 장화만 벗기모 새암에도 물이 차서 새애기 하나 끼끗이 씻어낼 기다 죽은 니 누부가 될지 너가부지가 될지는 내도 잘 모른다만

의정부북부역

눈 내리는 의정부북부역 앞에서
북부역이 어디냐고 묻는다
사라진 이름
사라진 사람들
사람들은 한결같이 저 위쪽이라고 손가락질로 대답
한다
그리운 북부역 얼마나 많은 사람들이
북부역으로 북부역으로 밀려 올라갔을까

북부역
어딘지 모르게 끝까지 밀려간 느낌
모두가 떠나간 곳에서
꿈도 바닥도 없는 곳
너의 대답도 아무 대책도 없는 곳에서
나 혼자 남아
먼 사랑을 하였네

모든 일이 기적이었지

첫눈 한 송이
옛날 순댓국집에 피어오르던 김발
부용천변에 마른 갈잎 흔들리는 일조차
기적이 아니고는 설명할 수 없었지

어느 해 초겨울
국화분을 들고
널 찾아간 적이 있었지
오뎅 국물 세 컵을 다 마실 때까지
아무도 네가 어디로 갔는지 알려주지 않았어
그냥 북쪽으로만 갔다고 했지

쏟아지는 눈발 속에서
의정부북부역이 어디냐고 물어도
사람들은 묵묵부답

아무래도 나는
좀 더 북쪽으로 가야 할 것 같네

코골이 합창단
― 목수 일기 7

목수들이 한데 모여
잠을 잔다
삼겹살에 장작을 패며 끓인 김치찌개에 소주를 마
시고 뒤엉겨 잠을 잔다
깊은 어둠,
멀리서
희미하게 시작되는 선창
맨 끝에 자는 순동이 형이다
점점 음계를 높여 가자
바로 옆의 상규가 질세라 받는다
제법 묵직한 중창이다
건축을 전공하고 아파트 건설 현장소장을 지낸 김
형이
휴대폰 앱을 들이댄다
109데시벨
주거지역 기준치의 얼추 세 배다
꽹과리를 잘 치는 광택이가 별안간 끼어든다
음을 다쳐서는 안 된다

화음이 부족하다 싶은지 상봉이 형이 부드러운 허밍
코러스로 거든다

무시할 수 없는 세련된 요령이다

먹이고 빼고 나서고 거두며

소리는 옆방에서 옆방으로 건너가고 건너온다

방방이 합창대회라도 열렸는지

우렁차고 거대한 한밤의 합창이 집 전체를 울린다

숨어든 잡귀들

혼비백산 도망친다

나를 부르며 빙빙

바람에 보리가 일렁일 때
멀리서 꽃배 한 척 들어온 듯
칠보 화관에
비단 색동옷 입고
청보리 푸른 벌을
한 그릇 물처럼 빙빙 돌면서
어디 눈 한 번 주지 않고
사람인 듯
허깨비인 듯
혼자 빙빙 돌면서
붉은 실을 감듯이
조금씩 내 몸을 끌어당겨
여덟 살
먼 동네 저수지에 빠져 죽었다는 누님인 듯
처녀가 되어
왕후가 되어
여신이 되어
보리밭 한가운데

천지에 걸린 실을 제 몸에 감듯이
조금씩 조금씩 내 넋을 감아 가듯
빙빙 돌면서
자꾸 나를 부르며
빙빙

눈물의 마니보석이 둥둥

나는 유명幽冥의 허공에 홀로 떠 있었다
허공에 떠서 내가 누운 허공을 단단하다 믿었다
내 몸피만큼 내 것이라 믿었다
마치 깨달은 것처럼 지루한 화엄경을 꼼꼼히 읽으며
든든하고 아름다운 연화대라고 굳게 믿었다
믿을수록 허공은 단단해졌다
사람이 세상을 살아가는 데는 많은 것이 필요치 않다
자기 몸 의지할 허공만 있으면 되는 것이다
그것만 있어도 세상은 다 내 것이 된다
고 쓰여 있었다
사람들이 기도하고 절하는 대상이 결국엔 다 허공인
이유도 그 때문일 것이다
사실은 그럴 필요조차 없다 세상 천지에
눈물의 마니보석이 둥둥 떠다니는데
사람들은 화엄경을 너무 대충 읽거나 이미 절판된 세
포생물학 교재만 찾았다
그런 마음을 품은 찰나 오래전 눈을 맞춘 먼 곳의 중
력이 내 허공을 그립고 아득한 곳으로 천천히 끌었다

허공은 산해경 깊은 바다 부드러운 돌 속으로 고요히
떨어졌다

　　거기서 3만 년쯤 진화한 뒤 나의 허공은 황산의 돌부
처로 깨어났다
　　사람들은 내 발등 위에 촛불을 켜고 절을 했다
　　눈물을 흘리며 기도하고 절을 했다
　　손만 뻗으면 바로 잡힐 곳에 눈물의 마니보석이 둥둥
떠다니는데
　　3만 년 전의 사람들은 아직도 두 손을 꼭 모은 채 기
도하고 절을 했다

공책이 없다

공책은 비어 있는 책이다
어릴 적에는 노트를 공책이라 불렀다
운동회에서 달리기를 하면 공책을 주었다
요즘은 책이 싫고 공책이 좋다
아무리 책을 읽어도 마음에 터럭 하나 움직이지 않
는다
공책을 읽자
그냥 책은 읽지 말자
공책에는 수많은 말들이 있고 이미지가 있다
꽃이 있고 바람이 있고 아이들이 자라서 걸어오고
있다
양파 한 알에도 공책이 있다
내 몸 어딘가에 잘 익은 침묵이 있듯이
까도 까도 공책이 있다
공책을 읽어야 하는데 아무도 공책을 읽지 않는다
도서관의 쓸데없는 책은 쓸데없이 많이 읽으면서
휴대폰으로 뉴스도 읽으면서 안방의 드라마도 읽으
면서

공책은 읽지 않는다

자신의 공책은 읽지 않는다

공책을 많이 읽으면 잘 살 수 있다

부자가 될 수 있다

건강할 수 있다

잘 죽을 수 있다

정말이다

농담 아니다

공책에는 사라지는 무수한 말들이 있고 사라지는 무수한 이미지가 있다

사라지는 사랑, 사라지는 뜬구름, 사라지는 어머니 아버지가 있다

먼 뒷날의 나도 있다

깊은 산의 숨소리, 호랑이의 포효가 있다

드넓은 바다가 있다

공책을 읽자

읽다가 졸리면 읽지 말자

공책 안에서 조용히 잠들어도 된다

공책을 읽어야 하는데
공책을 읽어야 하는데
꼭 읽어야 하는데

공책이 없다

거울 속 이사

용달차에 실린 화장거울이 눈발 속으로 달려간다
거꾸로 묶인 식탁의자 사이 벤자민 푸른 잎도 찰랑찰
랑 딸려 간다
거울 속에도 펄펄 눈이 내린다

싸고 깨끗한 집을 찾으려고 여기저기 돌아다니다
만리동 고개에서 마주쳤던 눈
날리는 눈송이 안이라도 따뜻한 방 한 칸 얻고 싶었
는데,
부동산 유리문을 밀고 들어갈 힘이 없었다

그래, 다닥다닥 붙은 저 집들 속으로는 더 이상 들어
가지 말자
고갯마루에 주저앉아 풀풀풀 날리는 눈발을 아득히
올려다보며
보이지 않는 먼 별자리를 새 주소로 삼고 싶었다

내 앞에서 나를 끌고 가는 저 화장거울은

한 집안의 살림살이 내력을 낱낱이 기억하고 있어서
이사를 할 때마다 안과 밖을 비춰 보며 누추한 기억
에 흔들렸을 거다

거울의 이쪽과 저쪽은 얼마나 멀까
지금의 바깥은 어디쯤에서 안쪽이 될까
거울 밖 눈으로 제 얼굴의 흠집을 지우듯
어떻게든 살아 보겠다고
한사코 밀어내고 있는 생의 먼 저곳을
거울은 언제쯤 끌어다가 안쪽 얼굴에다 주검꽃으로
비춰 줄 것인가

만리동 고개의 철없는 감상처럼
먼 저쪽이 있어서 이쪽을 가볍게 여길 줄도 알았는데
그건 또 그것대로 쉬운 이사는 아닐 것이다.

우연히 주민등록등본을 떼어 보고서야 알게 된 이사
의 이력

서른 군데도 넘게 옮긴 빽빽한 주소들이 알고 보면
다 새로운 별자리였다
　거기서 살고 거기서 죽었으니
　결국엔 거울을 사이에 두고 왔다 갔다 했다는 거다
　거울에 부딪힌 눈발이 내 어지러운 발자국을 안고 줄
줄 흘러내린다
　역시 바깥이 안쪽을 지운다는 거다

술잔 속에 집을 짓다
― 목수 일기 3

술을 마신다
지붕에 떨어지는 빗소리를 들으며 소주를 마신다
토도독 토독, 부드러운
물화살 쏟아지는 소리
그중의 몇은 기어이 철판 지붕을 뚫고
투명한 술잔 속으로 날아와 꽂힌다
컨테이너 가득 빗소리 차오른다
세상에서 가장 단순한 집이 둥실, 뜬다
목수들은 모두 고향으로 가고
홀로 술잔을 쥐고 가만히 앉았는데
컨테이너 숙소마저 날 버리고
못에 걸린 낡은 작업복과 빨랫줄을 싣고
야식배달 전화번호를 싣고 멀리 인도양으로
대서양으로 제 옛길 찾아 아득히 흘러간다

사방천지 빗소리 가득한 밤
산중턱에 남아 빈 술잔을 바라보며

한 마음 부릴 곳이 고작 이뿐인가 한숨짓다 엉거주춤
빗소리를 깎고 다듬어 집을 짓는다
굵은 빗소리로 기둥을 세우고 그중 실한 놈은 들보로
낭창낭창 휘어진 것은 서까래를 놓고 앙곡을 맞춘다
투두둑 빗소리
묶음 묶음 단칼에 잘라 지붕을 얹으면
천둥 번개도 끄떡없다 벼락 내리치면
취기 홍건한 구들방에 군불을 지피리라
옛사람은 계곡 물소리를 듣고 집터를 골랐다는데
빈 술잔 속에 집터를 잡고
빗소리를 깎아 집을 세운다
세상에서 가장 크고 외로운 집
찬란히 들어선다

들판은 하나 하늘은 둘

함께 밥을 먹고 커피를 마셔도

함께 술을 마시고 노랠 불러도
마음은 우두커니
셋 넷 다섯

먼 우주에서 새 별을 찾아도
푸른 하늘은 하나
양떼구름은 수천 마리

이판理判
사판事判

닿고 싶은 얼굴은 하나
거울에 비친 슬픔은
일곱 여덟 아홉

수제비집 배꽃

수제비집 마당 평상
거래처 사장과 수제비를 시켜 놓고 동동주를 마신다
평상 옆 배꽃 그늘이 환하다
난 말야 꽃을 보면 깜짝깜짝 놀라네
아니 왜요?
배꽃 보니까 생각나네 대학 때
편지봉투 가득 꽃잎 담아 보낸 여학생, 이뻤지
법학을 전공했지만 낭만이 있었거든

후르르 지는 배꽃 때문이었을까
왜 불쑥 그런 질문이
이념도 가고 사랑도 갔을 때
형 나 사랑해?
진지하게 묻던 그녀
얼른 대답할 수 없었지만 남자들이 왜 자주 침묵하
는지
그때 처음 알았지 환멸처럼
이팔 망통으로 배꽃이 지던 그때

그런 게 뭐가 중요하나

술잔을 들고 추억의 비린내를 들이켜는 거래처 사장,

낮술에 취해

흐흐흐 배꽃이 지는데

그러면 뭐 하나

내 병세가 많이 나빠져서 음식 솜씨가 좋은 작은누
나가 집에 올라와 함께 기거할 때였다
아침에 일어나니 아내가 내 팬티를 되입히고 있었다
답답하게 왜 그래
나는 팬티를 벗어 도로 집어던졌다
매일 알몸으로 자니 작은형님이 민망해하시잖아요
자유도 좋지만 예의도 좀 챙기세요
아내의 말로는
26개국 남성이 등장하는 글로벌 생물학 교재를 보니
내 불알이 가장 크다고 이죽거렸다
그러면 뭐 하나 오줌도 똥도 참지 못해서 그대로 줄줄
흘리는 걸

민망해서
내가 정말 민망해서 고개를 들지 못할 지경인데…

체공의 시학, 꿈에서 공기로

권정관(문학평론가)

1. '무無로부터ex nihilo!'

'체공 시간이 긴 시가 오래 살아남는다.' 김점용의 세 번째 시집 『나 혼자 남아 먼 사랑을 하였네』를 읽은 첫 소감이다. 이때의 체공이, 물리적 상승과 그 지속으로서의 체공을 가리키는 것은 물론 아니다. 김점용의 "공중부양"(「타워팰리스의 공중부양」, 『메롱메롱 은주』, 문학과지성사, 2010)이 암시하듯, 그것은 차라리 제자리에 있되 그 자리에서 모든 대상들을 깡그리 비워냄으로써 결과적으로 동일한 체공 효과를 획득하는 어떤 존재 역량을 의미한다. 선불교에서는 이를 득도의 경지와 연결시켜, 앉은 자리에서 맛보는 '갑자기 밑이 빠지는 체험'으로 설명하기도 한다. 결과적으로 동일한 체공 효과가 산출되는 셈이다. 하이데거라면 이를 존재자에 의해 메워져 있어 늘 가려지고 망각되어 온 '빈터'로서의 존재 자체라고 말할 것이다. 존재자는 존재하지만 빈터로서의 존재 자체는 '처處해 있다.' 무에 접면하는 처해 있음은 대기 중에 '기분 잡혀 있음'인 까닭에, 근원적 빈터로서의 존재 역량 역시 체공력의 다른 이름일 수 있다. "담아 잡는 능력"을 지닌 하이데거의 '텅 빈 항아리'는 이에 대한 탁월한 은유이다. 비어 있음은 떠 있음과 무관치 않다.

하이데거의 항아리는 라캉의 항아리이기도 하다. 『세미나7』에서 '하이데거의 항아리'를 끌어들여 무를 향한 죽음 충동death drive을 설명하는 라캉에게선 '텅 빈 자리'를 있는 그대로 받아들이는 작업인 '환상 가로지르기'가 이에 상응한다. 다른 누구가 아니라 바로 자기 자신이 대상이 되어 메우고 있었던 탓에, '횡단' 이전에는 의식되지 않았던 것이 바로 그 '자리'였던 것이다. 정신분석 임상에서 치료의 끝을 알리는 이 지점은, 텅 빈 항아리의 '담아 잡는 능력'만큼이나, 주체가 죽음 충동을 통해 기존의 상징질서를 일소하고 존재 역량을 새롭게 획득하는 무의 지점이기도 하다. 공백을 받아들이며 '무無로부터ex nihilo!'라고 힘주어 표현해도 될 만큼 새로운 출발이 가능해지는 원점이기 때문이다. 죽음 충동drive을 통해 상징계와 실재계의 접점이랄 수 있는 이 공백 지대로까지 스스로를 몰고 가는 driving 김점용은 허공과도 같은 이 무의 지점에서 자기 시의 팽팽한 체공력을 한껏 펼쳐내고 있는 셈이다.

2. 「스위스행 비행기」의 작동 원리

김점용은 지금 몸이 많이 아프다. 그러나 아프지 않을 때도 그는 무에 대한 사유들을 자신의 「빈 화분」(『메롱메롱 은주』)에 모으고 '담아 잡는 능력'이 남다른 시인이었다. 허공에 고치를 짓기 위해 투명해진 애벌레처럼, 끊임없이 덜어내고 비워내 온 그의 시적 담지 능력이 지금 그의 아픈 몸 속에서 무의 충만함을 피워 올리고 있다. 죽음이나 무에 대한 사유가 깊다는 것은 존재 사유 또한 그만큼 깊다는 뜻도 된다.

아내가 울면서 말했다

여보, 잘 들어. 악성이고… 말기래. 아스트로싸이토마astrocytoma 머릿속에 퍼진 것도 2기쯤 된대. 김 교수 말로는 생존율 중앙치가 13.4개월인데 표준을 벗어나는 케이스도 많대. 수술하자. 안 하면 6개월… 실은 그것도 힘들대. 입장 바꿔 생각해 봐. 제발 수술하자 응? 내가 살릴게, 꼭 살릴 거야

미안해. 안 할 거야. 약속 지켜. 스위스행 비행기 티켓 끊어 줘. 내 통장에 돈 있어. 스위스 가고 싶어.

나는 지금 스위스로 가는 비행기 안에 있다

안전벨트도 없고 기내식도 없고 스튜어디스도 없지만

존엄사가 인정되는 삶과 죽음의 중립국

스위스행 비행기 안에 있다

높고 아득한 공중을 날고 있다

아스트로싸이토마?

내 머릿속에 박힌 무수한 죽음의 별들이

날아가는 내 몸의 균형을 잡아 준다

그래, 지금까지 너무 한쪽으로만

비대칭으로 살기만 한 거야 영원히 살 것처럼

익룡의 깃털이 비대칭이어서 하늘을 날 수 있었다지만

이렇게 갑자기 날지는 않았겠지

가끔은 적에게 쫓겨 죽은 척도 하고

잠시 잠깐 죽는 연습도 하며

이 무거운 별에서 이륙하기 위해 죽어라 달리다가

덜커덕 죽기도 했겠지

한 마리의 익룡이 하늘을 날기까지 겪었던 무수한 실
패와

단 한 번의 성공을

나는 지금 날아가는 비행기 안에서 다 보고 있는데

모든 별들이 살아 있는 죽음을 나르는 칠성판

영원히 사는 인생이 어딨어

내 머릿속의 별들도 조용히 제 고향으로 돌아갈 수
있게

혼자서 스스로의 장례를 치르며 두 팔을 활짝 벌리네
— 「스위스행 비행기」 전문

가슴 저미는 처연함 없이 이 시를 읽을 수 있을까?
솟구쳐오르는 슬픔을 참아내며 정제된 의학용어로
브리핑하는 의사 아내와 말기 암 선고에도 "스위스행
비행기"를 타고 "아득한 공중"을 날겠다고 조르는 시
인 남편의 대비가 가슴을 후빈다. 반드시 살리겠다며
수술하자는 아내의 울음 섞인 설득에 도리질 치며 '스
위스행 비행기' 티켓 끊어 달라고 보채는 '말기 암 시
인'의 '생떼'는 처연하단 말밖에 달리 표현할 길이 없
다. 그리고 그 처연함은, "혼자서 스스로의 장례를 치
르며 두 팔을 활짝 벌리네"라는 수행적 미메시스에서
최대치로 결정crystalization된다.

"나는 지금 스위스로 가는 비행기 안에 있다"지만,
그는 실상 '스위스행 비행기 안'에도, '높고 아득한 공
중'에도 있지 않다. 제자리에서 자기 스스로를 비워낸
시인 자신이 '스위스행 비행기'이며, 따라서 '스위스행
비행기'는 곧 '텅 빈 자리' 자체가 된다. 바로 그 자리

를 가리고 있는 현존하는 대상들을 비워내고 종국에
는 자기 자신마저도 비워낸 시인이 스스로 "빈 그릇"
(「그릇」, 『메롱메롱 은주』)이 되어 존재 역량을 획득하
는 이치도 이와 맞닿아 있다. "어찌하여 화분은/화분
이 되었는지"(「빈 화분」)라고 시인은 자문했었다. 이
물음에 그는 지금 「스위스행 비행기」라고 답하고 있는
셈이다.

　「스위스행 비행기」는 어떻게 작동하는가? "살아 있
는 죽음"이 암시하는 바, '무수한 실패'가 성공의 내연
기관으로 작동하는 역설적 이접을 그것은 보여 준다.
시인은 「스위스행 비행기」가 "한 마리의 익룡이 하늘
을 날기까지 겪었던 무수한 실패와/단 한 번의 성공"
의 결과임을 바로 그 작품 안에서 밝힌다. 개체 발생
은 계통 발생을 반복한다. 시인의 그간의 이력과 작품
들을 역동적으로 회집하고 있는 「스위스행 비행기」가
지금의 경지에 도달하기까지의 시적 진화의 역사를
자기 안에 품고 있는 격이다. 『오늘 밤 잠들 곳이 마땅
찮다』(문학과지성사, 2001)에 실린 「너의 자리」가 이
미 하늘을 날 채비를 차리고 있다. 비행기의 발명 이
전에도, '날으는 양탄자'(『천일야화』)가 있었다. 그런
터에 '자리'가 '비행기'의 전사前史일 수 있는 것이 뜬금
없는 일은 아니다. 그러나 그 '자리'에 이르는 길은 결

코 쉽지 않다. '살아 있는 죽음'으로서만 갈 수 있는 곳이 그곳인 까닭이다. 참으로 기이한 자리에 있는 '자리'가 아닌가?

　　깊은 산 등산로 한가운데 서서 사람들 손잡아주느라 닳고 닳은 나무줄기의 반질반질한 맨살에 새겨진 글자 은주

　　나는 그것이 남몰래 사랑하는 한 여인의 이름인지 이파리를 죄다 몸속으로 숨긴 그 나무의 이름인지 파란 만장 푸른 잎물결 속에 숨은 빈 배의 이름인지 알 수가 없어 한참 동안 나무 주위를 맴돌다 돌아왔는데

　　아무래도 그 나무는 어떤 사람과 눈이 맞아 죽어서 올라가든가 내려가든가 하는 중인 것 같은데 거기에 소한 마리 매어서 딸려 보낸 주인이 누구인지 도무지 알 수가 없어

　　한밤에 부엌 냉장고 돌아가는 소릴 들으며 이런저런 잡생각을 깔고 앉을 때나 강원도 깊은 산골에 두꺼운 방석을 펴면 이따금 귓전에 울리는 소 방울 소리가 메롱메롱 은주, 하고 날 놀리는 것 같아 평생을 그렇게 놀

림받으며 살 것만 같아

　　　　　　　　　　　　　—「메롱메롱 은주」 전문

　이 시는 기표와 그 기표가 새겨진 자리에 관한 시
다. "글자 은주"가 아니라 "반질반질한 맨살"에 글자가
새겨진 "나무"가 "등산로 한가운데 서서 사람들 손잡
아주"는 역할을 한다. 상징화된 기표체계로 작동하는
언어가 여기선 작대기의 역할과 구분되지 않는다. 둘
은 본성상 같다. 언어인 글자와 그것이 새겨진 자리인
나무 사이에는 높낮이의 정도, 즉 정도상의 차이만 있
다. 글자는 나무에 부과되어 있지 않다. 나무와 거기
에 새겨진 글자는 수직적으로 이어져 있다. 정도상의
차이는 본성상으로는 차이가 없음을 전제한다. 정도
상의 차이는 본성상의 차이라는 전제를 해체하는 강
력한 대항 개념으로 작동할 수도 있다. 실상 이것이 바
로「메롱메롱 은주」의 주제다. 정도상의 차이만 있는
둘 사이에 무슨 극복 못 할 본성상의 차이라도 있는
양 그 거리를 멀리 떼어놓는 게 언어로 대표되는 기표
체계의 주특기다. 라캉의 '환상 가로지르기'가 그렇듯
이, 미몽을 깨우는 선불교의 '소 방울 소리'가 '먼 거리'
를 단숨에 주파하는 순간적 깨달음으로서의 '돈오頓
悟'인 것은 그 때문이다. '나무에 새겨진 글자 은주'에

서 나는 '소 방울 소리'가, 여전히 기표체계의 '환상'에 포획되어 그 거리 혹은 차이를 줄이지 못하고 있는 화자를 놀린다.

  "잡생각"을 "깔고 앉을 때"나 "두꺼운 방석을 펴면" 하필 그때 "소 방울 소리가 메롱메롱 은주, 하고" 울리는 이유가 여기에 있다. 언어가 '손잡이 역할'을 하듯, 언어가 지어내는 잡생각은 두께를 이루는 물리적 요소일 뿐이다. '두꺼운 방석'이란 높낮이의 표현이다. 정도상의 차이를 드러내는 말이다. '잡생각을 깔고 앉으면' '두꺼운 방석'이 되므로, 두께를 덜어내고 '자리'가 될 필요가 있다. 그러면 제자리에 있되 모든 것을 비워낸 「스위스행 비행기」가 뜰 수 있다. 자리는 비워냄이고 비워냄 자체가 떠 있음이기 때문이다. 그러나 시인은 "나무 주위를 맴돌다" '메롱메롱' 놀림만 받고 왔다고 털어놓는다. '둘레의 형식'으로 향유만 되지 가닿지는 못하는 게 '자리'이기 때문이다. 나도 '나'라는 환상-대상으로 채워져 있는 까닭에, 나 자신에게 가닿을 수 없다. 나도 "자꾸 나를 부르며/빙빙"(「나를 부르며 빙빙」) 돌 수 있을 뿐이다. 그러나 우리가 자리에 가닿지 못하는 게 아니다. 가닿지 못하기에 '자리'가 된다. '메롱메롱'은 비어 있는 그 자리에서 울린다. 자리를 찾는 물음도 거기서 멈출 수밖에 없다. 「울음통 물음통」이 울리는 자리가 바로 그 자리다.

> 눈 내리는 의정부북부역 앞에서
> 북부역이 어디냐고 묻는다
> 사라진 이름
> 사라진 사람들
> 사람들은 한결같이 저 위쪽이라고 손가락질로 대답
한다
> 그리운 북부역 얼마나 많은 사람들이
> 북부역으로 북부역으로 밀려 올라갔을까
>
> 북부역
> 어딘지 모르게 끝까지 밀려간 느낌
> 모두가 떠나간 곳에서
> 꿈도 바닥도 없는 곳
> 너의 대답도 아무 대책도 없는 곳에서
> 나 혼자 남아
> 먼 사랑을 하였네
>
> — 「의정부북부역」 부분

'의정부북부역'은 실제로 지금 사라지고 없다. 그 자
리만 있는 역이다. 지금은 다른 것으로 채워져 있는

그 자리에 화자는 가닿기를 바라지만 "어딘지 모르게 끝까지 밀려간 느낌"을 주는 "북부역"은 가닿을 수 없는 역이 되어 있다. "북부역이 어디냐고 묻는다." 하지만 답이 없다. '북부역'은 물음으로 가득 찬 공백의 그리움으로만 존재한다. '북부역'은 "먼 사랑"의 메아리만 울려오는 「울음통 물음통」의 또 다른 버전이다. "꿈도 바닥도 없는 곳"인 그곳은 가고 싶어도 갈 수 없는 '먼 사랑'이다. 사랑은 '대상'이 아니다. 그것은 '대상'을 다 비워내고도 남은 가닿을 수 없는 '자리'다.

김점용은 "보이지 않는 먼 별자리를 새 주소로 삼고 싶었다"고 말한다. 그러나 그 '별자리'는 환상으로 가득 찬 거울 저 안쪽에 있다. "거울의 이쪽과 저쪽은 얼마나 멀까/지금의 바깥은 어디쯤에서 안쪽이 될까" (「거울 속 이사」)라고 시인이 묻는 것은 그 때문이다. 어떤 것에 가닿고자 할 때 우리는 그 자체에는 결코 가닿을 수 없다. "바깥이 안쪽을 지운다"(「거울 속 이사」)는 것이다. 늘 가닿는 쪽이 덧붙여진 상태로만 거기에 가닿을 수 있기 때문이다. 거기에는 항상 "무언가 넘치는 것이 있다"(「귀신집」)고 한 이유가 여기에 있다. 이 '넘치는 그 무엇'은 양쪽 모두에 속하면서도 그 어느 쪽에도 전적으로 속하는 법이 없는 '유령', 곧 "귀신"이다. "신위神位"(「너의 자리」)가 함축하는 바, 이

귀신이 곧 자리다. '살아 있는 죽음', 즉 삶과 죽음 간의
이분법적 대립이나 본성적 차이를 해체하는 「스위스행
비행기」가 바로 그 자리다. 죽음은 삶의 반대편에 있지
않다. 삶 안에서 삶과 달라진 상태, 곧 삶의 자기 차이
가 곧 죽음이고, 삶과 죽음의 안팎 구분이 애매한 "투
명한 어항"처럼 되어 있는 '살아 있는 죽음'이 '자리 자
체'가 되는 이치가 여기에 있다. 본성상의 차이처럼 보
이는 삶과 죽음의 문제가 사실은 같은 본성 안에서의
정도상의 자기 차이임을 인식하는 '횡단적인 앎'이 중요
한 이유다. 「어항에게 생긴 일」이 '평상적인 일'이 아닌
것도 바로 이 '횡단성' 때문이다. '투명한 어항'에 '귀신'
이 어른거리고 있다.

투명한 어항은 무엇이든 다 지나간다
그 어떤 루머도 어항을 지나면 분명한 사실이 되었다
이장移葬을 하던 포클레인 기사가 그대로 앓아누웠다
어항을 잘못 건드려 하마터면 깨질 뻔했다는 것이다
어느 날은 어항이 어항을 지나가려 했다
제 몸을 빠져나가려 했다
말도 안 되는 일이었다
그릇은 그릇을 떠날 수 없는데
어항이 어항을 빠져나가려 했다

어항이 있던 자리에 거대한 호수가 생겼다
사방이 캄캄하였다
대낮처럼 어둡고 명징하였다
　　　　　—「어항에게 생긴 일」 부분(『메롱메롱 은주』)

　어항은 함부로 옮기는 '물건'이 아니다. "이장移葬"
같아서 그걸 옮기려던 "포클레인 기사가 그대로 앓아
누웠"을 정도다. "어항을 잘못 건드려" 동티가 난 게
분명하다. "투명한 어항"은 그 자체로 이미 일정한 체
공 효과를 갖는 '자리'다. 따라서 어항은 '빠져나가야'
하는 어떤 것이지 옮길 수 있는 대상이 아니다. 그러
면 빠져나갈 수는 있는가? "어항이 어항을 빠져나가
려 했다"는 것은 "말도 안 되는 일"이라고 시인은 어이
없어한다. 그러나 기묘하게도 어항은 늘 자기 밖으로
'나가' 있어야 어항이 되는 존재다. 그것은 안쪽에 담
기는 무엇이 아니다. 자기를 비워내야 자기가 되는 '이
상한 존재'가 어항이다. 투명한 그것은 자기와 자기 아
님이 겹쳐 있다. 이쪽도 저쪽도 아닌, 그러나 또 이쪽
이면서 저쪽인, 또는 이쪽이면서도 이쪽이 아닌, 혹은
저쪽이면서도 저쪽이 아닌 '귀신 붙은' 어항의 자기 차
이가 문제다. 어항에는 규정성을 넘어서는 '무언가 넘
치는 것'이 있다.

시인은 "대낮처럼 어둡고 명징하였다"고 쓰고 있다. 이는 사실상 어항을 두고 하는 말이다. "대낮처럼 어둡고 명징"한 어항이라니! 명석clear 판명한distinct 데카르트적 코기토를 비트는 말이 아닐 수 없다. 대상과의 본성상의 차이를 획책하는 근대적 의식주체, 곧 안팎과 주객이 판명하게 구분되는 데카르트적 이분법을 횡단하여 안팎 구분이 애매한obscure 것을 가장 판명한distinct 정체성으로 갖는 것이 '어둡고 명징한 어항'의 운명이다. 본성상의 차이에 기반한 이분법적 대립을 횡단하여 안팎이 애매해진 자기 차이가 곧 '투명한 어항'이다. 그것은 자리다.

북두칠성이 박힌, "살아 있는 죽음을 나르는 칠성판"은 시신을 눕히는 자리다. "죽음의 별"인 아스트로싸이토마astrocytoma! 이 '죽음의 별'이 동시에 칠성판을 가리키는 말이기도 하면서, 이 칠성판이 또 하필이면 자리이기도 하는 순간, 이 자리가 또 '투명한 어항'과 접속할 때, 그리고 이 유령 같은 투명한 어항이 다시 '죽음의 별'인 아스트로싸이토마로 결정화crystalization되는 순간, 「스위스행 비행기」는 자기 완결적인 공중급유 체제와 자체 부력의 역량을 획득하여 오래 체공할 수 있게 된다. 하지만 이것이 시인이 죽음을 불사해가며 자기 자신을 끊임없이 덜어내고 비워낸 끝에 도달한 '살아 있는 죽음'의 경지일 때, 우리는 이를 어떻게 받아들여야 하나? 사태를 기어코 이 지점까지 끌고 왔어야 했더란 말인가? '눈발 날리는' "만리동 고개"에서 "새 주소로 삼고 싶었다"던 "먼 별자리"(「겨울 속 이사」)가 결국 '죽음의 별'이었단 말인가? 그러나 애초에 시인이 자기 시의 자리를 '자리'에 위치시킬 때부터 그것은 이미 정해진 수순이었다는 점 또한 사실이다. 첫 시집 『오늘 밤 잠들 곳이 마땅찮다』에서부터 이미 시인은 잠 '자리'를 찾아 헤매기 시작했으며, 이것이 두 번째 시집의 '글자가 새겨진 자리'를 거쳐 '투명한 어항'에 이른 뒤, 『나 혼자 남아 먼 사랑을 하였네』에 와서 같은 자리이자 하필이면 '죽음의 별'을 뜻하는 '칠성판'으로 결정crystalization되고 있다는 것을 우리는 아프게 확인한다. 아스트로싸이토마astrocytoma! 이 '죽음의 별'이 무슨 "마니보석"(「눈물의 마니보석이 둥둥」)이라도 되는 양 머릿속에 박히자 퍼즐이 완성되는 시세계라니! 화룡점정인들 이만할까?

3. 세계를 깎는 법 혹은 시의 발생학

화가는 용의 눈을 '그려 넣지만', 시인은 "눈물을 깎는다". 화가는 바깥에서 눈을 부여하거나 덧붙인다.

용의 눈은 화가의 것이 아니다. 둘은 본성상 다르다. 그러나 「눈물을 깎는 법」에서의 "눈물"은 시인의 눈물이다. 시인 자신이 자기 눈을 깎기에 그 깎이는 시인의 눈에서 눈물이 나는 것이다. 눈물을 깎는 것과 눈물이 나는 것은 동시적이다. 눈물을 깎는 행위와 눈물이 나는 것은 분리되어 있지 않다. 같은 본성 안에서 둘은 연속되어 있다. 눈물의 결정체는 시인의 눈물이면서 동시에 시다. 깎음과 동시에 깎이는 눈물의 결정체가 시인의 머리에 '죽음의 별'로 박히는 이치가 여기에 있다. 깎이는 눈물은 바로 그 깎임 때문에 고통스러운 눈물이고, 그 눈물은 계속 깎여 나가 점점 투명한 결정체가 되면서 '죽음의 별'로 뜬다. 시인도 세계의 일부인 까닭에 새기고 깎는 것은 자신도 새겨지고 깎이는 것이다. "내 안에 새끼를 낳고 또 낳"는 "역진화"(「검은 고양이를 받아 줘」)의 방식이란 이를 겨냥한 말이다. 본성적으로 다른 외부에서 글자를 부여하는 게 아니라 나무에서 글자가 새겨져 나오도록 하는 것과 같은 이치다. 돋을새김이든 아로새김이든 나무와 글자는 수직적으로 이어져 있다. 둘은 정도상으로만 차이가 난다. 나무가 새겨지고 깎이면서 글자가 되듯이, 새겨지고 깎이면서 시가 되고 시인이 된다. 깎이면서 시인이 되는 것은 눈물 날 만큼 아프고 외로운

일이다. 깎일수록 외로워지고 "외로움의 둘레가 넓어
질수록/별은 차갑게 뜬다"(「외로운 식사」). 삶이 '역
진화'한 끝에 '죽음의 별'이 뜬다. "두 팔을 활짝 벌리"
고 시인이 난다. 「스위스행 비행기」가 난다.

수평선을 잡고 걷는다
똑바로 걸으려 애쓴다
안 보이던 섬들이 문득 일어나 절뚝절뚝 줄을 잘라
먹는다
눈을 감으면 안 되는데
바람이 불 때마다 저절로 감긴다
왼눈은 감기지 않아 눈물이 난다
바다 저 멀리 끝에서 하얗게 메밀꽃이 핀다
수평선을 놓칠세라 꽃을 깎는다
눈물을 깎는다

대패는 장대패가 좋다 어미날에 덧날을 끼우고 손
은 머리를 감싸듯 가볍게 잡되 오른손은 대패 뒤꽁무
니와 구멍 중간을 단단히 잡는다 발에 무게중심을 두
고 허리를 숙인 자세로 무게중심을 오른발로 옮기며 살
짝 당긴다 눈을 크게 뜨면 눈물이 떨어질 수 있으므로
망막에 꽃잎이 비칠 듯 말 듯 눈시울의 힘 조절에 각별

히 주의한다

— 「눈물을 깎는 법」 부분

새김판과 새겨진 글자는 수직적 연속 구조를 가질
수밖에 없다. 서로 새겨지고 깎이는 세계와 시인 사이
도 수직으로 이어져 있다. "눈물을 깎는 법"이 "똑바로
걸으려 애"쓰는 '직립보행'과 동행하는 것은 그 때문
이다. 수직적 연속 구조는 비대칭이다. 본성상의 차이
를 획책하는 주객 이분법이 성립할 수 없는 조건이다.
사실은 진정한 대칭도 아니지만 사칭된 방식으로나마
주객 이분법은 대칭적이다. 직립보행은 주객 이분법
의 반명제다. 비대칭인 하나가 자기 안에서 균형을 잡
으려면 기존의 하나에서 그것이 '투명해질 때까지' 하
나 자체를 깎아내고 비워내는 '역진화'의 방식밖에 다
른 길이 없다. 비대칭인 채로 비대칭을 극복하는 방식
으로 대칭적이어야 한다는 얘기다. 데카르트적 이분
법을 횡단하는 방식, 곧 주객이나 안팎 구분이 애매한
채로 판명해야 하는 것이다. 애매한 채로 균형을 잡는
것이다. 깎여서 눈물이 투명하게 되는 것은 비대칭인
채로 비대칭을 극복하여 하늘을 날 수 있는 것을 의미
한다. "익룡의 깃털이 비대칭이어서 하늘을 날 수 있
었"고, "비대칭이 진화를 이끄는 힘"(「모자의 운명」)인

이유가 여기에 있다. '새기는 법'과 짝하는 "깎는 법"은 본래 건축 용어다. 집짓기가 '눈물을 깎는 것'과 갈마들며 서로 삼투하고 있는 것은 그 때문이다. 집은 곧 자리이므로, 시인이 "끌린다"는 "귀신이 사는 집"(「귀신집」)도 이런 집일 것이다.

반면에 본성상 차이 나는 두 차원을 대립시키는 방식으로 획득된 대칭이나 균형은 "가건물"(「가건물」)에 불과하다. 건물을 사칭하고 있을 뿐이다. 주객 이분법이 그렇듯이, 처음부터 대칭인 것은 날지 못한다. 존재 역량이 생략되어 있기 때문이다. 과정은 생략하고 답부터 내자며 초장부터 공식을 적용하자는 주의다. 수직 구조의 비상을 감당할 역량이 없어 '옆'에서 '객체'의 부축을 받아야 스스로를 가눌 수 있는 게 대칭이다. 그것은 일종의 장치다. 따라서 주객 이분법에서의 주체는 객체나 장치에 의존하는 사칭된 주체다. "태풍은 서해로 오는데/비 내리는 동해에 앉았다"거나 "아내와 싸우고 술을 마시면 조금 덜 미안하듯/고향에 가지 않으려고 태풍을 불러냈다"(「가건물」)는 진술은 미리 구상된 간교한 계산이성으로 평형을 꾀하는 교활한 대칭 윤리에 지나지 않는다. 이는 "싸구려 영혼"의 단적인 예다. 수직적 구조로 "일어서는 낱낱의 물결이/잎이 되고 꽃이 되고 나비가 되는 이치를/내 모

르지 않건만" 그런다니, 더욱 그렇다. 세계이되 스스로
를 비워내고자 하는 것이 시인이듯이, 진정한 주체는
객체의 자기 차이, 곧 객체이되 비워낸 객체이고자 한
다. 객체가 먼저 있다. 주체는 객체를 깎아내고 비워낸
효과이다.

　김점용의 "공중부양"(「타워팰리스의 공중부양」,
『메롱메롱 은주』)은 사칭하는 '싸구려 영혼'이 아니
다. 그 역시 비대칭 수직 구조다. 비대칭 수직 구조는
그의 시에서 각별한 존재론적 함의를 갖는다. 「너의
자리」에서의 "비석"이나, 「메롱메롱 은주」에서의 "나
무"가 그렇고, 선 채로 해탈하는 「입탈立脫」(『메롱메롱
은주』)이 그렇다.

　　　부처 훔쳐 내려오는 산길

　　　집으로 가는 길을 지웠네

　　　내 몸을 지웠네

　　　겨울나무들의 마른 이파리를 지웠네

　　　가지와 줄기의 살점도 지웠네

　　　나무들 속살 속 물관만 남겼네

　　　　　　　　　　　　　　　—「입탈立脫」 부분

직립보행자는 본래 몸 '누일' 자리가 마땅찮은 존재

다. 여기엔 인간은 '대상'이 아니라는 강력한 '항의'가 들어 있다. 눕는 순간 인간은 곧 바로 대-상對象/ob-ject으로 전락해 버리기 때문이다(하이데거). 『오늘 밤 잠들 곳이 마땅찮다』에서 묻어나는 뉘앙스도 일단 그런 것이다. 그렇다고 이것이 시인이 그야말로 몸 '누일' 자리가 없어 찾아 헤매는 심정을 즉물적으로 노래하고 있는 시집은 물론 아니다. '입탈'이 직립보행자로서의 그의 소망이다. 이 시집이 '꿈시' 연작인 이유가 있다. 소망 충족 기제로서의 꿈은 억압된 표상 혹은 무의식의 강한 부력이 솟아오르는 분출구다. 이를 감당할 수 없어서 꿈 '자리'가 뒤숭숭한 셈이었다면, '입탈'이야말로 시인이 추구하던 진정한 잠 '자리'였음이 드러난다. '서시'에 등장하는 "배추흰나비 한 마리/그 안을 날고 있"는 불안한 "심연no ground"의 체험은 직립보행자로서의 시인이 아직 '입탈'의 경지에는 이르지 못한 상태임을 반증해 준다.

수직의 알레고리는 정신분석의 핵심 정동affect 구조 가운데 하나다. 프로이트의 『문명 속의 불만』에 따르면, 인간 문명은 직립보행의 결과물이다. 직립보행으로 인해 아래에 감춰져 있던 생식기에 대한 수치심이 생겨났고 성적 억압도 이에서 연유한다는 것이 프로이트 분석의 요체다. 본능에 대한 성공적인 억압과 이

를 통한 승화의 산물이 문명인 셈이다. 수직적 비대칭
을 비대칭인 채로 극복하고 있는 입탈 또한 이와 무관
치 않을 것이다. 「입탈立脫」은 이 과정이 일단 나름 성공
적이었음을 시사한다. '일단 나름'인 것은, 수직적 상승
구조를 띠고 있긴 하나, 「입탈立脫」에서는 "내 몸을 지웠
네"와 "나무들 속살 속 물관만 남겼네"가 병행적으로
진술되고 있기 때문이다. 병행은 대칭을 끝내 지워내지
못한 흔적일 수도 있다. '내 몸'과 '나무'는 각각 '투명'해
졌지만, 은유적 거리를 유지하며 '나란히' 있다.

똑같이 수직의 알레고리가 작동하는 「마천루」는 병
행과 대칭을 넘어 '나'를 폭포 속으로 완전히 집어넣는
방식으로 '입'한 채로 '탈'하고 있다. 그 점에서 「마천루」
는 「입탈」과 「스위스행 비행기」 사이에 놓일 만한 시다.

> 폭포는 폭포다
> 폭포를 샀다
> 시장에 가니 50미터 100미터 123층짜리도 있었지만
> 내 키 정도의 조그만 3층짜리 폭포를 샀다
> 목숨을 주고 샀다
> 누가 조금만 잘라 달라고 부탁했으나 그럴 수 없었다
> 내가 살았던 폭포는 벌써 가고 없다
> 나는 없다

이미 흘러가 버렸다

폭포는 폭포다

이른 아침 은행 앞에서

높은 폭포를 이고 가는 사람을 본 적이 있다

(중략)

사람들은 모두 폭포 속으로 사라진다

사라진 사람들의 노래를 뚫고 별들의 이야기를 뚫고

수요일을 뚫고 영원의 은유를 뚫고

폭포는 폭포다

—「마천루」 부분

"영원의 은유를 뚫고"란 표현이 단연 압권이다. 본성적 차이나 이질적 원거리성을 유지하고 있는 것처럼 보이는 두 사물을 하나의 본성 안으로 강하게 응축시키는 데서 발생하는 미학적 에너지가 은유다. 둘 사이가 멀수록 은유의 마찰계수는 커진다. 그 점에서 은유는 둘 사이를 멀리 떼어놓는 기표체계를 단숨에 '뚫는' '돈오頓悟'와 통하는 기제라고도 볼 수 있다. 성철 스님의 이른바 "산은 산이요 물은 물이다"라는 법어는 겉으로 보기에 마찰계수 제로인 것 같지만, 자명해 보이는 진술 안에 이미 이질적 원거리성을 단숨에 주파하는 강력한 마찰력을 내장한 수준 높은 은유에

해당한다. 거기엔 모든 본성적 차이를 단번에 무화시키는 힘이 있다. '영원의 은유를 뚫는', 멂과 가까움의 횡단적 엮임이 작동하는 돈오의 역량이 실린 말이기에 인구에 회자되는 법어일 수 있는 것이다.

문제는 은유가 본성적 차이를 획책하는 '영원의 은유'로 작동할 때 생긴다. 라캉 정신분석에서 '부성 은유'는 거세를 받아들이고 아버지의 이름, 곧 상징계로 진입하는 관문이다. 이것을 통과하면 환유가 작동하는 기표 체계 안에 '안착'하는 셈이다. 그렇다 한들 '영원'이 보장되는 것은 물론 아니다. 그러나 은유를 받아들이고 상징계에 진입하면 인간은 자연과 결별하면서 '본성상' 다른 존재로 일단 탈바꿈한다는 것이다. 하지만 "불알"(「그러면 뭐 하나」)을 굴리며 거세에 저항하는 시인이기도 한 김점용이 이 은유의 메커니즘 속으로 순순히 고개 숙이고 걸어 들어갈 위인은 아니다. 그는 "영원의 은유를 뚫고/폭포는 폭포다"라고 선언한다. 직접 목수 일을 하며 「목수 일기」 연작을 쓰기도 한 시인이 "가건물"의 기제로 작동하는 은유를 그대로 용납할 리가 없다. "폭포"를 "목숨을 주고 샀다"는 시인의 죽음 충동, 곧 무를 향한 죽음 충동과 연관된 라캉의 환상 가로지르기가 작동하는 것도 이 지점이다. 시인은 "나는 없다"를 되풀이 진술하고 있다.

인간이라면 누구나 은유의 세계에 던져진다. 언어화된 세계에 사는 한 출발점은 '은유'일 수밖에 없다. 은유의 세계에 거주하되 동시에 그 은유를 뚫어내는 이중적 횡단 전략이 중요한 것은 이 때문이다. 그런 한에서 '산은 산이요 물은 물이다'와 '폭포는 폭포다'의 사이는 그리 멀지 않다. 「메롱메롱 은주」에서는 '놀림' 받았지만, '폭포는 폭포다'에는 '돈오의 역량'이 내장되어 있다. 폭포와 나는 본성상 다르지 않다. "폭포를 이고 가는 사람"처럼, 폭포와 나는 주객 이분법으로 양립하지 않는다. 비대칭으로 직립하며 폭포와 수직적 연속 구조를 이루고 있는 나는 폭포와 정도상의 차이만 있다. "목숨을 주고" "내 키 정도의 조그만 3층짜리 폭포를 샀"기 때문에 "나는 없다". "폭포는 폭포다". 폭포와 나는 키가 같다. 시인도 세계의 일부인 까닭에 그가 폭포를 새기고 깎음과 동시에 그 자신도 새겨지고 깎이면서 시인이 된 것이다. '깎음'만큼의 마찰계수를 내장하고 있는 진술이 '폭포는 폭포다'이다.

하지만 '나는 없다'와 '폭포는 폭포다'의 경지에 완전하게 도달할 수 있느냐의 문제는 여전히 남는다. 아무리 '역진화'시켜도 '나는 없다'와 '폭포는 폭포다'의 지점에는 결코 가닿을 수 없기 때문이다. "혜통은 (…)/바람과 파도가 누생을 바쳐 깎아낸 섬/저 섬에 가야 한다/가서 그대로 섬이 되어야 한다"(「저 섬에 가려면」)지만, 그럴 수 없는 것과 마찬가지다. 거기에는 혜통도 아니고 섬도 아닌, 아니 혜통이면서 동시에 섬인, '무언가 넘치는' '귀신'이 붙어 있기 때문이다. 풀리지 않는 '매듭'이 있는 셈이다. 그런데 풀리지 않는 이 매듭은 사실 푸는 게 아니다. 그것은 해소하는 것이다. 시인은 "하늘 섬으로 올라야 한다"고 말한다. 심연no ground의 무근거를 근거로 받아들이겠다는 횡단적 선언, 곧 제자리에 있으면서 뜨는 것이다. 허공에 뜨는 것이 아니다. '내 키 정도의 조그만 3층짜리 폭포'가 암시하듯, 비워진 내 몸만큼만이 허공일 뿐이다. 그것은 차라리 "구멍"에 가깝다(「햇볕의 구멍」). 비어 있음은 이미 떠 있음 자체다. 「스위스행 비행기」는 뜨지 않고 난다. 「스위스행 비행기」가 바로 '영원의 은유를 뚫는' '돈오'이자 '하늘 섬'이다.

4. 이데아의 껍질을 벗겨낸 픽션의 부력

시집 뒤에 붙이는 작품 해설치고는 이미 물색없이 길어져 버린 이 글을 끝맺을 때가 온 것 같다. 하지만 그전에, 허공에 뜬 「스위스행 비행기」가 불시착 없는 '영구기관'이길 바라며, 우리는 또다시 '눈물의 결정체'

앞에 서게 되었다. 새기고 깎아낸 끝에 도달한 눈물의 결정체가 '죽음의 별'로 박히는 순간 「스위스행 비행기」가 뜨는 과정을 우리는 지금까지 추적해 온 셈이지만, 그 추적의 끝에서 맞닥뜨리게 된 「눈물의 마니보석이 둥둥」은 애초에 시인이 띄웠던 「스위스행 비행기」를 계속 "허공"에 떠 있게 하기에 충분한 작품으로 판단되기 때문이다.

> 나는 유명幽冥의 허공에 홀로 떠 있었다
> 허공에 떠서 내가 누운 허공을 단단하다 믿었다
> 내 몸피만큼 내 것이라 믿었다
> 마치 깨달은 것처럼 지루한 화엄경을 꼼꼼히 읽으며
> 든든하고 아름다운 연화대라고 굳게 믿었다
> 믿을수록 허공은 단단해졌다
> 사람이 세상을 살아가는 데는 많은 것이 필요치 않다
> 자기 몸 의지할 허공만 있으면 되는 것이다
> 그것만 있어도 세상은 다 내 것이 된다
> 고 쓰여 있었다
> 사람들이 기도하고 절하는 대상이 결국엔 다 허공인
> 이유도 그 때문일 것이다
> 사실은 그럴 필요조차 없다 세상 천지에
> 눈물의 마니보석이 둥둥 떠다니는데

사람들은 화엄경을 너무 대충 읽거나 이미 절판된 세
포생물학 교재만 찾았다
　　그런 마음을 품은 찰나 오래전 눈을 맞춘 먼 곳의 중
력이 내 허공을 그립고 아득한 곳으로 천천히 끌었다
　　허공은 산해경 깊은 바다 부드러운 돌 속으로 고요히
떨어졌다

　　거기서 3만 년쯤 진화한 뒤 나의 허공은 황산의 돌부
처로 깨어났다
　　사람들은 내 발등 위에 촛불을 켜고 절을 했다
　　눈물을 흘리며 기도하고 절을 했다
　　손만 뻗으면 바로 잡힐 곳에 눈물의 마니보석이 둥둥
떠다니는데
　　3만 년 전의 사람들은 아직도 두 손을 꼭 모은 채 기
도하고 절했다
　　　　　　　　　　　　　　　─「눈물의 마니보석이 둥둥」 전문

　'유명幽冥'의 "허공에 홀로 떠 있"는 "눈물의 마니보
석"은 「스위스행 비행기」이며, 그 비행기는 "혼자서 스
스로의 장례를 치르며 두 팔을 활짝 벌리"는 시인 자
신이다. "허공에 떠서 내가 누운 허공을 단단하다 믿
었다"는 진술에서 허공과 나는 분리되어 있지 않다.

무근거인 "허공"이 "단단"한 근거다. 스위스행 비행기가 있고 내가 그 비행기를 타는 게 아니다. 마찬가지로, 허공이 있고 거기에 내가 누운 게 아니다. 비워진 나만큼이 허공이고 내가 스위스행 비행기다. '번개가 번쩍인다'에서 번개와 번쩍임은 분리되지 않는다. 번개는 이미 번쩍임이다(니체). 내 스스로 투명한 '마니보석'이 될 때 나는 자리가 되고 그 자리는 '떠 있음'이다. "둥둥 떠다니는" '눈물의 마니보석'이 내 머릿속에 '죽음의 별'로 박혀 「스위스행 비행기」가 뜬다.

비행기의 발명보다도 훨씬 더 이전에 이미 인간은 시를 통해 '공중'에 오래 떠 있을 수 있었다. 플라톤에 의해 모방의 껍질을 추구하거나 무를 획책한다 하여저 '없음'의 세계로 추방된 자이기도 했던 시인은, 바로 그렇기 때문에, 역으로 대상을 오히려 부재화시키고도 공중에서 오래 버틸 수 있는 능력을 연마해 온 자라고 해도 무방할 듯하다. 이데아의 껍질을 벗겨 픽션의 부력을 획득한 아리스토텔레스의 『시학』이 이미 이를 훌륭히 입증해 주고 있지 않은가? 이데아만 천상에 '본원적으로' 떠 있다고 주장한 플라톤의 폄하에도 불구하고, 다른 식의 '공중부양'을 통해 끊임없이 자기의 존재를 가누고 실험해 온 문학은 그 픽션의 자리에서 이데아와는 다른 경지의 '존재의 득도'를 실행하고

있는 것처럼도 보인다. 종내는 그 공중부양 능력으로
이데아까지도 먹어 치우면서 말이다. 이데아와 픽션
사이엔 정도상의 차이만 있다.

나 혼자 남아 먼 사랑을 하였네

2020년 11월 20일 1판 1쇄 펴냄

지은이　　　김점용

펴낸이　　　김성규

책임편집　　김은경 미순 조혜주

디자인　　　김동선

펴낸곳　　　걷는사람

주소　　　　서울 마포구 월드컵로16길 51 서교자이빌 304호

전화　　　　02 323 2602

팩스　　　　02 323 2603

등록　　　　2016년 11월 18일 제25100-2016-000083호

ISBN　979-11-89128-96-8　04810

ISBN　979-11-89128-01-2　(세트)